Não vou mais lavar os pratos

Cristiane Sobral

Não vou mais lavar os pratos

4.ed.

©Copyright by Cristiane Sobral
Todos os direitos desta edição reservados à Malê Editora e Produtora Cultural Ltda.
Direção: Francisco Jorge & Vagner Amaro

Não vou mais lavar os pratos
ISBN: 978-65-87746-96-8
Edição: Vagner Amaro
Foto de capa: Josafá Neves
Capa: Dandarra Santana
Diagramação: Maristela Meneghetti
Revisão: Louise Branquinho

Texto revisado segundo o novo Acordo Ortográfico da Língua Portuguesa.
Proibida a reprodução, no todo, ou em parte, através de quaisquer meios.

Dados internacionais de catalogação na publicação (CIP)
Vagner Amaro – Bibliotecário - CRB-7/5224

S677n   Sobral, Cristiane
         Não vou mais lavar os pratos / Cristiane
     Cristiane Sobral. — 4. ed. — Rio de Janeiro :
     Malê, 2022.

        ISBN 978-65-87746-96-8
        1.   Poemas brasileiros I. Título.

                                 CDD B869.1

Índices para catálogo sistemático: 1. Literatura brasileira : Poesia B869.1

2022
Editora Malê
Rua do Acre, 83, sala 202, Centro, Rio de Janeiro, RJ
contato@editoramale.com.br
www.editoramale.com.br

Para Marina Sobral, Ricardo Sobral e Jacy Neves Nascimento Jesus.

Eu me levanto. Sou um oceano negro, vasto e irrequieto, indo e vindo contra as marés, eu me elevo.
(Maya Angelou)

Sumário

Apresentação 13
Prefácio 17
Não vou mais lavar os pratos 21
Sonho de consumo 24
Infinitamente provisório 25
Brasília 27
Porto 6 29
Escuridão da vitória 30
Opção 31
Caminhos 32
Nzingas guerreiras 33
O preço de uma escolha 34
Desafio 36
Na estrada 37
Eva 38
Materna idade 39
Abrúptero 40
Declaração 41
Faveiros 42
Descompasso 43
Fé raciocinada 44
Noite Inteira 45

Decepção	46
Ledo engano	47
Rosa	48
Canal F	49
Esperança ancestral	50
Revolução	51
Meninos	53
Palavra	55
Esperança	56
Hiato	57
O inevitável	59
Carma	60
Saída	61
Solitude	63
Freud explica	64
Medida	65
Mosaico	66
Verdade	67
Lente de contato	68
Fratricídio	69
Cuidado	70
Banzo	72
Invisível	74
Heroína crespa	75
Visão	76
Ainda?	77
Blue garden	78
Liberdade, igualdade e fraternidade	79
Pixaim Elétrico	80

Escurecimento Necessário 81
Kafkaneando 82
Nó na garganta 84
Olhos de Azeviche 85
Novidade na cabeça 86
Algodão black power 87
Saudade 89
Vitória 90
Escova progressiva? 91
Alternativa 92
Medo 93
Indispensável gentileza 94
Resiliência 95
Lastex-mutante 96
Herança 97
Ao menino que eu nunca vi 98
Jacy 99
Muito além do próprio umbigo 101
Novo hit dois mil e nove na batida 102
Destino 103
Nova York 104
Mar negro 105
Noite inteira 106
Parindo poesia 107
Você é meu irmão 109
Poema de Narciso 111
Estação imprópria 112
Vou comprar uma camisa branca 113
Zenzele 115

Raízes da Alegria 117
Luz nas trevas 118
Refazendo a cabeça 119
Comensal 120
Gato angorá 121
Razão 122
Repouso 123
Saída 124
Cesta básica 125
Zé Pilintra 126
Caliandra 127
Búzios on me 128
Deusa negra 129
Os enamorados 130
Voz 131
Esteta 132
Mãe 133
Mãos à obra 134
Riqueza 135
Kyron 136
Reza forte 137
Preto e sem açúcar 138
Rezai 139
Apetece-me escrever um poema 140
Aweto 141
Gira 142
Gelo negro 143
Vermelho vida 144
Nanã levou 146

Apresentação

A maior parte dos poemas do livro *Não vou mais lavar os pratos* foi escrita quando eu tinha 13 anos e morava no Rio de Janeiro, minha cidade natal. Nesta época era aluna do Colégio Municipal Visconde do Rio Branco. Lá participei dos primeiros concursos de poesia indicados pela escola e tive coragem de mostrar pela primeira vez os meus textos para outras pessoas, o que é muito difícil, na maioria das vezes, quando damos os primeiros passos na literatura.

Lembro, vivamente, a minha inspiração partia da observação do mundo ao meu redor, dos livros lidos nas bibliotecas que frequentava, das lembranças das andanças pelas casas vizinhas com a minha mãe, Marina, que era líder comunitária. Ali eu já olhava com atenção o papel ocupado pelas mulheres e em especial pelas mulheres negras do bairro, pensava também sobre o espaço dos meninos, sempre com mais liberdade pelas ruas e o destino traçado para as meninas negras de subúrbio como eu.

Eu já era uma garota inconformada com as ausências de pessoas pretas nos espaços de poder. Mobilizava o grêmio da escola, já tinha a revolução plantada no chão dessa mesma instituição de ensino onde o professor de educação física, infelizmente não consigo me lembrar o nome dele, dava aulas de jongo e maculelê.

Com a minha chegada a Brasília em 1991, o material do

livro ficou guardado por muitos anos, apenas no final da década, em 1999 eu consegui mostrar novamente a minha grande amiga, angolana, Dra. Alexandra Aparício, historiadora, que viveu muitos anos no Brasil onde cursou mestrado e o doutorado, hoje diretora da Biblioteca Nacional de Angola.

Ela me disse: você precisa publicar, os textos são bons! Mas publicar onde? Como? Depois de muito perguntar, pesquisar sobre algumas editoras, eu não achava caminho. Em 2000 comecei a publicar nos Cadernos Negros, antologia de autores negros e negras organizada pelo Quilombhoje Literatura, dirigida por Márcio Barbosa e Esmeralda Ribeiro (SP). Lá conheci muitos autores, que embora escrevessem desde longa data nos Cadernos, também não tinham obras publicadas, como Conceição Evaristo e Miriam Alves.

A alternativa chegou em 2011 quando saiu a primeira edição, apoiada pelos recursos de um edital aprovado pelo projeto Oi Poema, grupo brasiliense de performances poéticas do qual fiz parte por muitos anos, chefiado pelo Jornalista, poeta e amigo Luís Turiba. Com o edital, tive direito a alguns exemplares, vendidos de mão em mão, rapidamente esgotados. A segunda edição foi independente, custeada com o valor que conquistei em um prêmio de melhor atriz em um concurso de teatro. Também foi publicada de forma independente a terceira edição, revista e ampliada.

A quarta, que agora apresento, conta ainda com textos inéditos feitos por encomenda para vários apoiadores participantes de um financiamento coletivo no qual consegui recursos para parte da publicação. Com o convite da Editora Malê, a quem muito agradeço, depois de onze anos do primeiro lançamento, três edições publicadas e mais de 20 mil exemplares vendidos de mão em mão, em feiras, lançamentos e espetáculos, o livro finalmente chegará até os leitores por uma publicação de uma editora.

Com o percurso dessa obra, é possível refletir de forma estética e política sobre os caminhos da produção editorial de autoras negras no Brasil, compreender o meu grito negro e feminino de resistência e permanência insubmissa no campo da literatura contemporânea. Convido vocês para essa celebração e o assentamento de *Não vou mais lavar os pratos* no mercado editorial. Espero que a obra cresça e apareça no cenário das letras e que ocupe condignamente o seu espaço. Que sejam ouvidos os versos e estrofes desse conjunto de poemas! Asé!

Cristiane Sobral

Prefácio

O texto literário é um importante espaço de organização do nosso caos interior, lugar fundamental para a elaboração da nossa existência, mirante privilegiado do qual olhamos para o outro e para nós mesmos. A palavra poética e a literatura têm o poder de nos arrebatar, tirando-nos da nossa zona de conforto e confrontando-nos com a vida e os sentidos que buscamos para ela.

Foi assim quando li pela primeira vez a obra de Cristiane Sobral. Quando vi a capa do livro Não vou mais lavar os pratos, que aqui prefacio, fui provocada, fui instigada a lê-lo e a descobrir o que motivava tão contundente negativa.

E quando eu o li, nunca mais fui a mesma. Desde o primeiro verso a poesia de Cristiane falou, eloquentemente, comigo. Diálogo profundo, intenso, rico. O sentimento foi de encantamento, paixão, perplexidade ante a beleza que emergia a cada novo poema que eu lia.

O eu lírico na obra da escritora fala do lugar da mulher, do negro, daquele que tenta, corajosa e incansavelmente, contestar a ordem das coisas. É um eu lírico inquieto, que olha para o mundo desnudando-o, desvelando-o e revelando as injustiças e incoerências que o pautam.

O primeiro poema, que dá nome ao livro, *Não vou mais lavar os pratos*, é um convite à reflexão. A recusa em lavar os pratos traz uma forte simbologia, é uma grande metáfora. Traduz o sentimento de quem, por começar a ler, por começar a decifrar os signos linguísticos, passa a fazer outras leituras, descobertas muito maiores. O que se apresenta no poema é a possibilidade de ampliação da leitura de mundo a partir da leitura da palavra escrita. O que está em questão não é apenas a decodificação da palavra escrita, é a leitura da vida, é a atribuição de um novo sentido ao mundo e à própria existência.

Em todo o livro, os poemas passeiam por temas variados. Falam da força, da coragem feminina e do papel decisivo da mulher na sociedade. Celebram a maternidade e a ressignificam. Em "Abrúptero", a autora brinca com a palavra "útero", questiona a imposição de que, para que as mulheres sejam felizes, precisam ser mães ou que se é infeliz por não se ter filhos.

E é com essa lucidez de que a maternidade é uma escolha e não pode ser exercida por uma imposição de terceiros que o poema fala também sobre o lugar de mãe, como em "Materna Idade" e "Caminhos", e fala, ainda, a partir do lugar de filha, como em "Herança".

Há belos poemas que enaltecem o amor, os relacionamentos, o prazer no encontro com o outro, no contato de pele, como em "Desafio", e outros que falam da dor da ruptura, do fim do relacionamento, como "Hiato". Ainda falando de sentimentos e da busca pelo afeto, o poema "Decepção" aborda a tristeza da solidão vivida por tantos na contemporaneidade.

Merecem destaque os poemas que abarcam a temática étnica. Os cabelos crespos, tradicionalmente estigmatizados, depreciados, recebem nessa obra outras simbologias. Em "Verdade" o volume, a imponência e a beleza do cabelo crespo são elementos que ornam e protegem as cabeças pensantes dos negros que "geraram, nutriram e enriqueceram esta nação".

Em "Pixaim Elétrico" o eu lírico tem em seu cabelo o símbolo da libertação, da recusa aos alisamentos e aos relaxamentos. O que se busca é o direito de assumir volumes e raízes. Nessa mesma perspectiva, "Algodão", "Black Power" e "Escova Progressiva" colocam em xeque a ditadura da estética única e rechaçam a tradição de se modificar a textura do cabelo crespo por meio de técnicas agressivas, como o uso do formol.

Em "Faveiros" o tema ainda é a questão étnica, a presença do negro na cultura brasileira, mas o tom é de denúncia e faz uma advertência: "Quiseram transformar a favela num campo de concentração".

Como educadora, eu entendi que precisava permitir aos meus alunos o conhecimento da obra dessa grande escritora. Levei os poemas para a sala de aula e reafirmei a minha crença no poder extraordinário da literatura de inquietar, enternecer e mobilizar as pessoas.

Do leitor mais apaixonado ao aluno completamente alheio à literatura, todos se curvaram à poesia de Cristiane Sobral. Recordo-me de uma aula, em que um aluno que eu tinha muitas dificuldades para alcançar, dada a sua escolha de manter-se alienado da escola, surpreendeu-me ao oferecer uma escuta sensível e atenta às aulas em que recitávamos os poemas da escritora.

Eles também não foram mais os mesmos. Após as leituras, algumas de minhas alunas vinham ansiosas à porta da minha sala falar dos sentimentos evocados pelo contato com os poemas. Recordo-me de uma menina que me disse: "Professora, eu leio os poemas dela e me emociono, como isso é possível?". Chamou-me a atenção duas das minhas alunas que, após lerem os poemas de *Não vou mais lavar os pratos*, decidiram afirmar a própria negritude, recusando-se a continuar alisando os cabelos. Uma delas cortou todo o cabelo alisado e permitiu emergir uma nova menina, orgulhosa das próprias raízes.

Ao que eu concluí que não estava errada quando imaginei que a poesia de Cristiane Sobral tinha muito a dizer aos meus alunos. A boa poesia tem sempre algo a dizer a alguém, tem sempre uma emoção a suscitar, uma reflexão a propor, uma vibração a provocar.

A poesia de Cristiane chama. Ela sabe lidar com as palavras. Maneja-as ressignificando-as, dando-lhes asas e o poder de chegar longe. Ela sabe da luta que é trabalhar com as palavras. Há vários poemas metalinguísticos que colocam em questão o desafio do escritor frente à página em branco. Em "Palavra e Destino" é sobre isso que a escritora versa. Em "Parindo Poesia" ela diz:

> "Parindo poesia,
> vou morrer filha da letra,
> nascer mãe da palavra,
> jogar o meu ego ladeira abaixo,
> espremer o que de melhor houver dentro de mim
> e dar à "luz.""

Se este livro encontrou em você um leitor interessado, delicie-se. A poesia convida! E render-se ao convite vale muito a pena. A nós, leitores de Cristiane Sobral, resta o desejo de que essa grande escritora siga parindo poesia.

Gina Vieira Pontes Professora de Língua Portuguesa da Secretaria de Educação do DF

Não vou mais lavar os pratos

Não vou mais lavar os pratos,
nem vou limpar a poeira dos móveis.
Sinto muito,
comecei a ler

Abri outro dia um livro e uma semana depois decidi:
não levo mais o lixo para a lixeira,
nem arrumo a bagunça das folhas que caem no quintal,
sinto muito
Depois de ler, percebi a estética dos pratos,
a estética dos traços,
a ética,
a estática

Olho minhas mãos quando mudam a página dos livros, mãos bem
mais macias que antes
Sinto que posso começar a ser a todo instante,
sinto
qualquer coisa

Não vou mais lavar,
nem levar
seus tapetes para lavar a seco.
Tenho os olhos rasos d'água
Sinto muito
Agora que comecei a ler, quero entender
o porquê, por quê? E o porquê
Existem coisas
 Eu li e li e li

Eu até sorri
e deixei o feijão queimar...
Olha que o feijão sempre demora a ficar pronto
Considere que os tempos agora são outros

Ah,
esqueci de dizer:
não vou mais.
Resolvi ficar um tempo comigo,
resolvi ler sobre o que se passa conosco
Você nem me espere,
você nem me chame
Não vou

De tudo o que jamais li,
de tudo o que jamais entendi,
você foi o que passou
Passou do limite,
passou da medida,
passou do alfabeto,
desalfabetizou

Não vou mais lavar as coisas e encobrir a verdadeira sujeira,
nem limpar a poeira e espalhar o pó daqui para lá e de lá para cá
Desinfetarei as minhas mãos e não tocarei suas partes móveis,
não tocarei no álcool

Depois de tantos anos alfabetizada, aprendi a ler
Depois de tanto tempo juntos,
aprendi a separar
meu tênis do seu sapato,
minha gaveta das suas gravatas,

meu perfume do seu cheiro,
minha tela da sua moldura

Sendo assim,
não lavo mais nada
e olho a sujeira no fundo do copo

Sempre chega o momento
de sacudir,
de investir,
de traduzir

Não lavo mais pratos
Li a assinatura da minha Lei Áurea,
escrita em negro maiúsculo,
em letras tamanho 18,
espaço duplo
Aboli

Não lavo mais os pratos,
quero travessas de prata,
cozinhas de luxo
e joias de ouro
legítimas
Está decretada a Lei Áurea

Sonho de consumo

Se você me quiser,
vai ser com o cabelo trançado,
resposta na ponta da língua,
teste de HIV na mão
Se você me quiser,
desligue a televisão,
leia filosofia e decore o Kama Sutra
Muito bem!

Se você me quiser,
esteja em casa,
retorne as ligações e traga flores
Não venha com teorias sobre ereção ou centímetros a mais

Nem sempre vou querer sexo,
nem sempre vou dizer tudo ou acender a luz
Posso usar ternos ou aventais
Qual a diferença?
As noites serão sempre intensas à luz de velas

Se você realmente me quiser,
ouse digerir a contradição,
ajude-me a ser uma mulher
diante de um homem

Quem disse que seria fácil?

Infinitamente provisório

Infinitamente provisório,
vou partir e saio meio quebrado
Sobrevivi,
um amor em pedaços,
com fagulhas espetando como farpas

O amor é meio lagartixa,
assim como parte recupera,
alcança nova vida distante da gente,
regenera
Vou partir e não há chance de reconciliação

Tchau,
adeus
Outros lábios chegarão,
nunca iguais aos seus
O amor esquece o antigo
quando envolvido em novos braços
O amor tem a memória da situação

Partirei
Termina o nosso mundo,
recomeça um novo,
infinitamente provisório,
incontestavelmente ilusório

Da próxima vez
tentarei não enxergar o mundo
através dos olhos de alguém

Tchau,
adeus
Outros lábios chegarão

Refrão de orgasmos,
estribilho de espasmos
O amor tem a memória da situação,
a paixão tem amnésia da desilusão
O amor é meio assim,
dos outros,
meio malas prontas,
meio "check-in"
Infinitamente provisório!

Brasília

Nas águas de março do Rio de Janeiro aprendi a nadar. Nunca
imaginei soletrar Brasília,
uma ilha rodeada de Brasil por todos os lados,
cidade asa
Em Brasília aprendi a voar

Brasília
Mergulhei nas asas de um avião,
tomei banho de cachoeira e lavei meu coração
Vislumbrei meu futuro ao longo dos eixos

Quando olhei pela primeira vez,
parecia um deserto,
uma Brasília amarela empalidecida pelo barro
Fiz do barro matéria bruta,
misturada ao meu sangue e suor
Aprendi a criar a minha Brasília
Um mar de gente começou a vir pra cá,
gente de todo estado,
de todo lugar
O mar se abriu no coração do país

Brasília!
Tu me destes um novo aniversário
Na cidade mítica e mística,
desabrochei atriz

Brasília!
Namorei nas suas árvores,

paquerei nas tesourinhas,
experimentei diversão e protesto na Esplanada
Eu até casei debaixo do teu céu!

Brasília, meu avião,
continuo correndo na frente,
sempre a contemplar seu horizonte infinito
Aonde mais tu queres me levar?

Porto 6

Na ponta da minha língua senti um gosto de beijo
à portuguesa
A sua língua me invadiu e provocou a revolução francesa
Misturamos tudo,
pele clara com pele escura,
sussurro no meio com palavra mais dura
Tudo abençoado pelo vovô latim,
nessa linguagem toda a gente nunca mais se separou
Hum,
que beijo gostoso,
linguarudo!
Português com francês,
deu Porto 6

Escuridão da vitória

Cobertor em madrugada fria,
um manto de escuridão em todo o meu corpo,
deixando pra trás
as tentações enganosas do embranquecimento

Vou descansar no colo da mãe África,
entrar na escuridão cheia de paz
Nunca mais verei a luz da maldade,
nunca mais verei a claridade que ofusca os meus olhos

Por favor, entendam o meu escurecimento
Abandonei a convicta e confortável clareza das coisas

A escuridão brilhará com a certeza da vitória

Opção

Creio nas mulheres que desafiam o medo,
nas garotas decididas,
vitoriosas escolhidas a dedo
Creio no poder indiscutível do leite que escorre das mamas

Gosto das meninas com laços de fita pelo jardim,
do jeito especial de algumas moças fazendo pudim
Gosto de quem é feminina e sabe escolher

Toda moçoila deveria saber fazer brigadeiro
Garinas precisam relaxar com um gostoso banho de chuveiro
Uma fêmea sabe que às vezes
as coisas ficam difíceis e é preciso chorar

Espero um dia poder ver as mulheres desfrutando o sábio poder
Gatas espertas conhecendo um infinito horizonte
além do universo das calcinhas

Creio nas senhoras que conhecem o poder do conheci- mento,
nas raparigas que se recusam a acordar cedo e desfrutam o momento,
porque há mistérios a descobrir debaixo dos lençóis

Gosto das senhoritas com calças curtas e cheiro de jasmim,
do seu jeito único de sorrir,
titubear e finalmente dizer sim
Ah, gosto dos garfos, das facas e das colheres
e, sobretudo, de montar uma mesa
com todos os talheres

Caminhos

Os filhos que eu não pari
fizeram-me de outra forma existir
Os filhos que eu nunca pari
fizeram-me seguir
Os filhos que não terei
vão me levar aonde não sei

No meio do caos encontrarei a saída,
onde outros filhos me esperam
Parir é dor,
criar é produzir amor

Com outros olhos enxergarei os caminhos abertos
Estradas surgirão nos trilhos do universo.
Agradeço aos filhos que não tive
Por eles construirei as pontes do meu sangue
a um novo coração

Nzingas guerreiras

As mulheres que conheci foram guerreiras,
nunca deixaram de madrugar nas segundas-feiras, enfrentaram
inúmeros desafios com alegria
Graças a Deus, aprendi com essas mulheres
Graças a Deus, cresci com tantas mulheres,
de longe e de perto

Encontrei mulheres rumo ao sucesso
Algumas souberam encontrar o caminho certo,
muitas enxergaram os tropeços da estrada bem perto
Sempre admirei suas glórias após o fracasso

Mulheres corajosas diante da cruel chibata da realidade, que
souberam dar a volta por cima,
olhar para trás e seguir adiante
Mulheres que reinventaram o poder de decisão
Sei que existem muitas mulheres perdidas,
sei que muitas estão escondidas,
mas é chegada a hora da revolução

Vamos movimentar nossos quadris rumo a um futuro certo.
Femininas e prontas para a reconstrução;
seguras e cheias de paz;
capazes de enfrentar novos desafios;
sábias, fortes, infinitas
Mulheres bonitas e mulheres bondade,
solidárias na decepção

Evoé, guerreiras como Nzinga,
rainhas dignas de exaltação

O preço de uma escolha

Eu não gosto de fofoca,
detesto quem reclama sem motivo,
não tenho nada a ver com a vida dos outros

Vivo o compromisso com as minhas escolhas,
a responsabilidade das minhas decisões
Escolho usar o tempo inteiro para progredir

Não esperem que eu diga "vou indo",
não corro atrás, sou dos que seguem em frente!
Adoro levantar poeira e sacudir estruturas

Cada tombo fortalece os meus músculos,
torna mais ágeis as minhas pernas,
aprimora o salto e o meu desejo de voar

Não me convidem para falar da vida alheia,
já tenho muitos problemas no meu próprio universo, fantasmas
demais para espantar

Prefiro fazer listas de sonhos,
contar estrelas,
encontrar novas formas de realizar

Não me peça nenhuma receita do bem viver,
tudo o que aprendi foi a praticar
Teorias e sucesso
ainda não pagam a conta do meu supermercado,
mas entenda

Estou determinada a não deixar o tempo correr demais,
prefiro parar de vez em quando,
tomar um chá com as minhas ideias

A rainha de Sabá

Mulheres, não sejamos impunes,
nossa existência dura pouco
Nosso corpo não é um copo,
bebamos a vida com precisão cirúrgica

Mulheres, não sejamos infames,
bebamos a vida com línguas de fogo,
saibamos ganhar o jogo
do ser

Não sejamos insossas mulheres,
gozemos a vida com sabedoria
Nosso corpo não é um copo,
somos a taça premiada
Saibamos brindar

Desafio

Beije a minha boca como nunca mais
Será que o seu amor será capaz
de renovar o meu sopro de vida?

Beija a minha boca e derrama a verdade
Será que o seu amor terá a capacidade
de acabar com a mágoa adormecida?

Beija a minha boca como a última vez
Será que a sua indispensável sensatez
poderá renovar esta minha existência aborrecida?

Na estrada

Quero um beijo com gosto de goiabada,
um abraço queijo de beira de estrada,
tudo feito na fazenda,
no fogão de lenha

Quero que você me prenda no meio do mato
Este embaraço do capim roçando na pele
Desejo a água turva do rio que hidrata o cabelo,
esse constrangimento de gente da cidade
que nunca bebe leite de vaca

Não duvide daquilo que falo,
vou experimentar umas botas e andar a cavalo
Quero que mediana nunca mais rime com urbana,
nem com medíocre

Eva

De forma esquizofrênica carregava sua pasta executiva, enclausurada
no seu opressivo apartamento
com vista para o nada concreto

Enxergava um terço da vida com seus pequenos olhos católicos
De vez em quando alcançava alguns orgasmos burgueses
e caía no ostracismo
A moeda foi a mãe da queda,
cascata
Um casal trepava sob a janela

Enquanto ela matava uma barata jovem sem o menor tesão,
garota murcha no cio, padeiro encardido em ereção,
mulher de chinelo branco sujo de barata não tem pena
O referido inseto empinava a antena em vão
Depois do crime inseticida,
Eva liga a televisão,
espia a vida em seus frígidos canais,
escova os dentes,
tenta uma higiênica masturbação pensando no padeiro

Sente um golpe que lhe penetra provocando fundo,
dói
Tapa a solidão defunto
comendo pão de queijo goiano com presunto
Cai pesada,
gozada,
inchada,
quase morta,
quase nada

Materna idade

A biologia manda parir,
a metaplasia diz que não vai ser fácil,
a psicologia dá tempo ao tempo
Cá estou

Uma multidão de flancos,
alguns cabelos brancos no meio das pernas
Na fila de espera de mais um dia fértil,
ainda sou filha do medo

Em meio ao caos dos meus ovários,
decreto a minha maioridade,
a minha infinita capacidade,
a espontânea vontade para o que vier

Serei mãe
das minhas próprias ideias,
das escolhas,
do meu progresso
Está bem, doutor,
a consulta é semana que vem
Resolvi marcar com a minha consciência,
ela diz que vou parir,
mas não posso parar agora

Abrúptero

Quem disse que são infelizes as mulheres inférteis?
Quem disse que são felizes as mulheres com as suas mamadeiras?
É preciso ter muito peito para não parir e não parar
É preciso ter muito peito para enfrentar as surpresas da existência

Abaixo os inacreditáveis roteiros com final feliz,
vaias amplificadas para a tendência latina aos melodramas...
Viva a coragem de encarar os próprios problemas! Algumas dores jamais serão resolvidas

Abrúptero
Viva o direito às novas formas de vida,
abaixo o saber pelo sofrer

Abrúptero
Não é preciso crer na falta como um defeito,
viva o saber pelo sentir e a esperança das portas abertas

Declaração

Fada,
mulher perfumosa,
miragem diante do espelho,
dengosa,
seu calor conquistou meu coração

Musa,
mulher impossível,
a vida é de fato uma aventura indescritível
Sua alegria é a minha inspiração

Deusa, fada, musa,
mulher imortal
A morte é apenas um degrau,
a eternidade é a nossa obsessão

Abaixo as paixões infinitamente provisórias!
Que venham as inesquecíveis histórias!
A fidelidade é a aliança da nossa união

Faveiros

Quiseram transformar a favela num campo de concentração,
num genocídio eletrizado pelo choro das mães,
numa ópera do desespero

Quiseram exterminar essa gente de pele preta
que continua resistindo,
subindo e descendo o morro

Gente valente que já cruzou tantos mares,
que calça as sandálias da valentia,
pisa as serpentes do mundo mau

Quiseram acabar com o descanso dessa gente
que segue olhando a vista da cidade maravilhosa,
enxerga de um ponto privilegiado, esbanja outro tipo de visão

Quiseram transformar a favela num campo de concentração
Conseguiram uma concentração de beleza, de coragem,
um povo que vira a cara pro rancor e segue adiante

Quiseram transformar a favela num campo de concentração,
em vão
É melhor dar do que receber

Descompasso

Eu não me sinto bem
quando você não vem,
quando chega tarde,
quando fica mudo

Você vive imerso no tanto faz,
pedindo um momento para se adequar,
controlando os relógios

Eu estou no tempo certo
de acertar em cheio,
de ousar ter compromisso,
de encontrar soluções

Estamos fora do compasso
Eu,
por procurar o ritmo certo insistentemente;
você,
por não saber dançar

Fé raciocinada

Há de haver esperança
Mulheres em todas as partes do mundo
esperando nove meses,
velando o sono de seus infantes

Há de haver esperança
Mulheres enfrentando a insônia pelo descaso dos amados,
revendo as suas escolhas,
abandonando qualquer tipo de culpa

Há de haver esperança
Mulheres confiantes na fila de espera
do emprego, do salário, da vaga na quitinete improvisada
Há oportunidades para moças do baixo clero com filhos

Há de haver esperança
Mulheres escolhem o melhor,
incentivam a vasectomia, denunciam a violência,
gozam na verdadeira vida, nem fácil, nem fútil

Há de haver esperança
Uma mulher sempre espera pronta para agir,
dorme vigilante na certeza de um amanhã,
multiplica o leite dos peitos na boca dos que têm fome

Há de haver esperança
As mulheres têm fé e não adormecem os sonhos,
amam pela paz, praticam a caridade por profissão

Há de haver esperança
Há de haver salvação

Noite Inteira

O amor vestiu desejo no tempo sem relógio
Gritos e gemidos invadiram a madrugada em chamas

No raiar do dia,
os reflexos do sol aqueceram a carne trêmula ainda sedenta

Desejando mais,
saboreando ainda,
os corpos em escuro-vida foram amalgamados ali,
na noite negro-azeviche,
no seu universo tão cíclico e preciso como as marés

Decepção

Às vezes eu me sinto tão só,
tão invisível,
tão descolorida

Restaurantes no domingo,
festas no final de semana,
promessas na sexta-feira à noite

Às vezes eu me sinto tão só,
tão invisível,
tão descolorida

Reuniões marcadas,
churrascos em tantos lugares,
trânsito engarrafado

Às vezes eu me sinto tão só,
tão invisível,
tão descolorida
ao seu lado

Ledo engano

Na beirada dos abismos
em que você me meteu
e eu me meti
tentando ser você,
tentando seguir seus passos

Ledo engano
Eu só podia ser tudo isso em que não acreditava,
eu mesma!

Ah,
pobre de mim

Ledo engano!
É melhor cair...

Que venha o caos,
que venha a queda,
é melhor cair em si

Rosa

A menina Rosa era cheia de sonhos,
vivia envolta em névoas de suspiros,
numa aura de secreta intuição

Era suave, sem espinhos,
tinha um sorriso inebriante,
puro, como só a Rosa possuía

Aconteceu
Foi despetalando aos poucos a vida a fora,
marcou algumas páginas,
exalou o seu inconfundível perfume

Ah, o implacável destino perto de uma garota como Rosa
O acidente fatal veio como um vento destruidor de flores
Flores adoráveis, contudo, efêmeras
Lamentavelmente, esvaíram-se as pétalas daquele jardim juvenil

A vida interrompeu bruscamente o seu curso
Rosa foi entregue à brisa consoladora de sua última primavera,
pois as desilusões visitam a todos,
como as metamorfoses, os arco-íris e as Rosas

Canal F

Estou cheia de uma tal felicidade,
uma felicidade guerreira,
com a energia do folião no primeiro dia de carnaval
Cheia de dentes,
cheia de carnes saudáveis como um peixe fresco
Faz sol,
cheguei para distribuir

Estou cheia dessa felicidade
Os sonhos progressivos e os desafios maiores
são os meus melhores cúmplices
Não posso reter essa alegria que escorre pelo meu corpo

Estou cheia dessa tal felicidade
sublinhada de paz,
escancarada,
orgástica,
deliciosamente assertiva
Nunca tive a ilusão de resolver todos os meus proble mas

Estou toda nova criatura
Depois que descobri a real simplicidade das coisas,
vivo a loucura dos que têm fé,
invisto no inalienável livre arbítrio de um ser humano diante da vida

De posse da minha própria escritura,
faço questão de sonhar

Esperança ancestral

A minha mãe esperava o meu pai,
esperava um tempo melhor,
esperava a cada nove meses um rosto,
esperava o feijão cozinhar

O meu pai tinha esperança no emprego,
esperança no sossego
O meu pai nos alimentava com esperança

Eu espero ser tão capaz de esperar,
tão sábia para administrar o meu mundo,
tão forte para parir
e não parar

Tenho o meu próprio movimento
Espero,
mas tenho uma comichão por dentro
que me empurra à luta

Revolução

Greve no reino das bonecas
Abaixo a fidelidade!
Guerra à amamentação!
Desde criança os meninos brincam com seus carros, dirigem a tudo e a todos,
enquanto as bonecas nascem para enfeitar

Abaixo a futilidade!
As reuniões no clube das grávidas!
Das sogras e das professoras!
Bonecas exigem o direito aos orgasmos e ao futebol
Bonecas também adoram filmes e dinheiro

E quem é que cuida do mundo enquanto as bonecas se divertem?
E quem é que cuida dos filhos enquanto os rapazes se embriagam?
E quem é que aceita quando ambos pedem desculpas?

As bonecas estão realmente insatisfeitas,
mas não cegas
Há alguma coisa errada desde o princípio,
porque os homens são menininhos tão frágeis!

E quem é que faz promessas para parir somente ho mens?
E quem é que faz apostas pelo sexo mais forte?
E quem é que destina às mulheres o reino das sofredoras?

As bonecas agora reivindicam carrões,
querem passear com os garotinhos

As garotas e os rapazolas enfim buscam a paz,
finalmente saem juntos para aprender a brincar
E viva a paz no reino

Meninos

A cara que era dura são duas faces
Homens de cinto, histórias, um conto,
lembrando da mãe

A tara que era pura traz ânsia e desejo
Homens de calças, páginas de sonho,
precisando da mãe

A lágrima que às vezes cura
é força extrema
por toda parte

Cadê a mãe?

Meninos
de pernas curtas e pipas;
e o medo de homens procurando mamãe

Meninos
de pernas curtas e pipas;
e o medo de homens esperando mamãe,
esperando mamãe

A falta agora madura gerou frutos,
pontos da gramática,
soletrando mamãe

O medo da amargura
dos muros,

fascículos do Índex,
perdidos da mãe

Meninos
de pernas curtas e pipas;
e o medo de homens
esperando mamãe

Meninos
de pernas curtas e pipas;
e o medo de homens

Esperando mamãe,
esperando mamãe...
Esperando, mamãe!

Palavra

A palavra é um porto seguro
A palavra é uma espada, às vezes pode machucar,
concreta, abstrata, encantada,
sussurrando a letra certa na madrugada

Na ânsia de construir e desconstruir surge a palavra,
o verbo
ativo e biruta,
o substantivo,
uma labuta,
o advérbio de modo e o advérbio de lugar

O ofício molda a palavra
A palavra certa finalmente consegue a bobagem decepar

Esperança

No devido tempo geramos a nossa tríplice aliança

Já contemplo escancaradas as portas da esperança
Dessa vez vou ter uma menina,
dar passagem a uma fêmea ainda sem nome,
parir uma sequência de ais amplificados,
hino de anúncio da sua chegada
Digo isso pois nunca estive tão pequenina e tão frágil,
até o meu jeito de passar batom mudou!

Aqui no meu centro contemplo
as curvas da minha erótica barriga,
o desenho ousado dos meus seios
Aqui no meu canto paquero
o meu meio,
o meu umbigo,
o meu cordão de novidade

Ah, garotinha, sei que nunca serás minha
Siga em frente, que o mundo acelera,
mas não machuque muito esse corpo que te ampara,
pois serei mulher sempre,
acima de tudo
Seja bem-vinda, petiz,
à nossa santíssima trindade

Hiato

Estou só
Coloco a mesa para o café solitário
Entre porta-retratos e objetos velhos,
junto os trapinhos da saudade
Ando pela casa imensa,
paro frente ao espelho,
constato as espinhas da decepção
Rolo na cama onde a insônia preenche o vazio,
alugo qualquer filme romântico em uma locadora,
choro diante da lista de coisas desfeitas,
conto dia após dia,
esperando a morte dessa dor que tem que acabar

Reparo
todas as refeições prontas
Superestimam as necessidades dos solteiros,
as quantidades, a qualidade
Muitas revistas mostram
como encontrar o seu grande amor pelo código de barra num supermercado?

Estou separada, dói
Tinha que ser no inverno?
Tinha que levar todas as suas roupas?
Tinha que dizer adeus quando por toda parte há o seu cheiro?
Tinha que sonhar com amor eterno?
Tinha que deixar mensagem na secretária eletrônica?

Dor nos nós desatados
depois de uma aliança muda,
totalmente entregue
diante do amor

O inevitável

Manhã de um dia nublado
Caos inibidor do apetite involuntário,
noite em claro, luz que ofusca a vista
Silêncio na carreata de guarda-chuvas pretos,
sapatos barulhentos sustentam corpos pesados,
rostos doloridos embaixo das sombrinhas
Encontros históricos em direção à capela número dezessete
Antigos conhecidos, parentes distantes, outros nunca vistos
Todos dizem adeus

Eu fiz questão de colocar flores em volta do túmulo
Eu fiz questão de não guardar nenhuma lágrima
Eu fiz questão de cobrir o seu caixão com terra
Eu fiz questão de fazer a oração final e agradecer

Nunca entendi o porquê dos enterros
Agora conheço o "luto" sem medo da escuridão
O "luto" é pela renovação dos vivos,
é o mergulho da águia ao reconquistar a sua plumagem no voo fatal

Missa de sétimo dia
Inscrevo o seu nome na lista dos abençoados,
deixo ao sol os travesseiros encharcados de dor,
sinto a dor e a delícia da saudade,
o prazer da convivência inesquecível
Deixo que a vida siga o seu caminho
Liberta do egoísmo e das algemas inquebrantáveis da matéria,
sigo em paz

Carma

Esse menino?
Vendia chiclete e bala,
vendia a alma

O pai do miúdo?
Comprava o diabo numa garrafa de pinga,
derramava desgraça na vida do garoto,
aconselhava o moleque com surras cheias de falta de respeito

O avô do rapaz também vendia bala,
bala de revólver
Um dia deu um pirulito e sumiu no mundo
enquanto a avó chupava fome

E o guri?
Aprendeu a beber, a roubar, a matar, e cresceu bandido

Até morrer num Natal qualquer sem nunca ter visto árvore

Morreu indigente
Nunca recebeu um presente,
nem conheceu vida pior que a sua

Saída

O mundo lá fora
e eu presa aqui dentro
As coisas lá fora
e eu presa aqui dentro

Lá fora faz hora,
aqui só demora
Lá fora tem gente,
aqui só se sente
tesão, emoção, aventura

Meu bem, vem agora
tocar no meu centro
Eu tô indo embora,
adeus sofrimento

Meu bem, que o mundo exploda
Eu quero você, eu quero você!
Salada, sortida, saliva

Meu bem, eu tô viva
Meu bem, eu tô viva
Meu bem, eu tô viva

Meu bem, eu tô viva demais

Flor

Tenho uma cicatriz incandescente de dor,
mas é só por dentro,
por fora desenhei uma flor

Solitude

Estar só às vezes é legal
O solitário sente que é o tal
desfrutando de sua própria companhia
Em sua solitude bem resolvida,
compreende muito bem a vida
Vê

Freud explica

Nunca confiei em estranhos
Talvez porque a transição do indispensável leite materno para a rude colher inoxidável,
condutora da alimentação sólida,
tenha sido feita de forma brusca,
com "papas", insossas,
colocadas à força em minha boca ainda sem dentes

Medida

Sonhos não são suscetíveis a metros quadrados,
em escala nenhuma
Sonhos a gente respira,
vira e entorta
por trás da porta
Sonho a gente não aborta

Mosaico

Todo dia é dia de todas as cores
Cores que se misturam
quando morrem de amores
umas pelas outras

Verdade

Por que o cabelo do negro é alto, imponente e armado?
Para proteger as cabeças pensantes que ele abriga!

As cabeças negras
geraram, nutriram e enriqueceram esta nação
com seus braços,
com seus seios e com seu sexo

Dentro dessas cabeças
está o poder de lutar pela raça

Lente de contato

Será que você pode olhar no fundo dos meus olhos?
Será que você pode acreditar na sua visão?
Esquece o que o seu pai disse!
Vê se muda essa situação

Sou negra.
Estou aqui diante dos seus olhos
esperando você despir o seu preconceito
pra gente encontrar um jeito de ser feliz

Ah,
o meu cabelo natural,
isento de culpa,
vai bem, obrigada

Que bom você ter sido espetado pela consciência,
que bom você ter sido cutucado pela consistência
Será que dá pra você tirar essa lente distorcida
que tanto atrapalha o nosso contato?

Fratricídio

Corrupção preta dói demais,
chibatada dentro da senzala fere infinitamente
Até tu, Zumbi?
Espera aí, Feitor!
"Pouca tinta", eu?

Separe todos os matizes da negritude brasileira,
desintegre todas as identidades
Ficaremos com um nada aguado
O mestiço não é nem o sim nem o não, é o talvez
Mentira!
Pergunte ao porteiro do prédio,
interrogue o policial,
eles não terão dúvida em apontar a consistência da
minha melanina

Sou negra
Meus dentes brancos trituram qualquer privilégio retinto, meu
sangue negro corrói a hipocrisia parda,
mela o mito da democracia racial,
corre maratonas libertárias negrófilas,
rasga as entranhas e reluz
das cinzas à fênix

No fundo do olho há uma verdade viva
muito além da cor

Cuidado

Eu vou falar do nosso cabelo,
eu vou falar de tudo o que fazem tentando o sucesso,
eu vou falar porque isso acaba com a gente

Primeiro aparecem uns pentes frágeis,
impossíveis às nossas madeixas,
depois apontam para um padrão
que nunca poderemos ter
Ficamos condenados à indiferença e à exclusão

De repente
sonhamos com toalhas amarradas na cabeça oca
Num passe de mágica,
aceitamos o codinome pixaim e o sobrenome Bombril

Começamos a moldar o caráter,
a amolecer diante das decisões
Infelizmente esquecemos que só podemos ser o que somos

Passamos a vida inteira tentando atingir uma clareza
que nunca poderemos ter,
nem precisamos

A negritude é um quarto escuro
com bicho-papão e mula-sem-cabeça,
é um quarto mítico onde ninguém quer entrar

Eu vou falar do que fazem com nosso cabelo,
eu vou falar de tudo o que fazem tentando o sucesso,
eu vou falar porque isso acaba com a gente

Primeiro dizem que todos somos iguais,
que somos todos filhos de Deus.
Rapidamente é diagnosticada a paranóia,
começamos a achar
que o problema está na nossa cabeça preta

Nunca no olhar do outro,
nunca no deboche do outro,
nunca no sorriso de lado

Alguns conseguem ir mais longe,
mas isso tem um preço

Precisam ficar sozinhos,
precisam ficar clarinhos,
precisam usar apliques

Eu vou falar do que fazem com o nosso cabelo,
eu vou falar de tudo o que fazem tentando o sucesso,
eu vou falar porque isso acaba com a gente

Deu branco!
Alguém me empresta uma identidade
aprovada no teste da boa aparência?

Banzo

Ainda aquela solidão
O aperto gigante interminável acelera o coração,
uma lágrima negra fugitiva embaça os contornos da realidade

Ainda a mesma sensação de asfixia,
a mesma ansiedade,
os mesmos impulsos destrutivos incontroláveis

Quem enxergará meu sofrimento escuro?
Onde estão meus irmãos?
Onde tu, mãe companheira?

Ainda permaneço aqui enquanto tudo o que mais amo,
tudo o que mais prezo, continua distante,
inconquistável, inacessível
Até mesmo invisível consigo ser
neste país que eu julgava tão negro quanto eu

Tragam, por favor,
os meus tambores,
meu acarajé
Deixem-me aqui na minha cubata escura,
sentindo esse cheiro de azeite de dendê
Deixem-me sentindo esse cheiro de morte,
esse cheiro de sorte,
na noite em que me encontrarei com os meus ancestrais

Ainda o mesmo banzo,
ainda o mesmo sangue coagulado,
ainda o mesmo navio negreiro

Chegar e partir,
duas faces da mesma máscara negra

Banzo,
ainda o mesmo instante dolorido
em qualquer parte do mundo
Banzo!

Invisível

Segunda-feira,
dia de branco
Na miçanga da trança disfarço a dor,
a ponta do fio enroscou no cobertor
Dia seguinte. Cara lavada
Escondo a mágoa com base e batom

Fim de semana,
encontro com os gatos pardos,
desisto da trança, tento o secador
Mais um episódio incômodo nada consolador
Saio festiva e apanho da chuva que encolhe as minhas madeixas,
fujo da vergonha algemando a carapinha com grampos

Madrugada noite preta,
enfrento o fantasma do não dormir
em outra jornada de angústia
Numa tentativa de liberdade condicional,
solto o pixaim ao natural
Enfim, livre!

Dia,
claridade,
mais uma segunda-feira
Em toda parte olhares prisioneiros e gargalhadas de escárnio
Percebo não caber nos esclarecimentos disponíveis,
assumo quem sou
Minha carta de alforria está escrita em papel pardo,
mas meu sangue é negro
Meu cabelo é bom

Heroína crespa

A cada dia
luto pela minha raiz
Sou rebelde e estou em extinção,
minha bandeira é crespa

Escovas progressivas?
Escovas inteligentes?
Barbáries sucessivas das mentes

Esse grito de ordem e progresso
poderá ser o regresso
aos padrões hegemônicos!

Quem tiver ouvidos para ouvir, ouça
A subalternidade é heterogênea

Visão

Tempestade cerebral na minha massa cinzenta,
a hora escura,
a coisa preta
O dia de negro
deu branco!

Com tanta futilidade e senso estético europeu,
com tantas teorias arianas,
fiquei entediada,
cega em meio à claridade

De repente tive um escurecimento:
Tá faltando preto na televisão,
na Presidência,
na cabeça mestiça que sonha em ser branca
do brasileiro

Tá faltando preto na televisão
Na verdade do país
preto, amarelo, marrom e colorido
Neste país tão lindo e poderoso,
cheio de beleza preta,
de felicidade guerreira,
de sabedoria negra
Escureceu?

Ainda?

Ainda não somos livres
Ainda não somos livres
depois de tanto tempo

Mamãe é escrava da casa grande num bairro de luxo,
papai é escravo da cachaça no boteco da esquina,
meu irmão mais velho é motorista de bacana

Ainda não somos livres,
ainda não somos livres!
Depois de tanto tempo,
eu ganhei uma bolsa de estudos meio Lei do Ventre Livre
A patroa da minha mãe é quem paga
Sempre li as entrelinhas de todos os livros que encontrei

Ainda somos escravos,
nunca fomos eslavos,
muito menos imigrantes

Ainda não somos livres
O capitão do mato espreita no carro preto com sirene estridente
Se começar a operação pente fino não escapo
Ainda há um barco que transporta a negrada todos os dias,
é o ônibus lotado cravejado de assaltos e balas perdidas

Ainda não somos livres,
favela é senzala,
depois de tanto tempo

Blue garden

Piso no racismo,
piso sem cinismo,
piso e planto flores
azuis da cor do céu

Liberdade, igualdade e fraternidade

A hipocrisia falava de amor,
doava roupas usadas aos pobres,
andava de carro popular

Para não ostentar,
costumava mentir
para não magoar
Gostava de sorrir
para disfarçar
Sabia versos bíblicos de cor

Usava até um terço no pescoço
Na hora do almoço, só folhas

Na madrugada devorava nossas carnes bem passadas
assistindo ao Jô,
sacana, empolgada,
totalmente entregue à sua verdadeira maldade

Pixaim Elétrico

Naquele dia
meu pixaim elétrico gritava alto,
provocava sem alisar ninguém
Meu cabelo estava cheio de si

Naquele dia
preparei a carapinha para enfrentar
a monotonia da paisagem da estrada
Soltei os grampos e segui
de cara pro vento,
bem desaforada,
sem esconder volumes nem negar raízes

Pura filosofia,
meu cabelo escuro, crespo, alto e grave,
quase um caso de polícia em meio à pasmaceira da cidade,
incomodou identidades e pariu novas cabeças

Abaixo a demagogia
Soltei as amarras e recusei qualquer relaxante,
assumi as minhas raízes,
ainda que brincasse com alguns matizes,
confrontando o meu pixaim elétrico
com as cores pálidas do dia

Pixaim, elétrico!

Escurecimento Necessário

Inveja branca?
Vê se te manca,
é tudo farinha do mesmo saco. Racista

Kafkaneando

Irmãos,
nossa metamorfose é diária
Insetos que somos,
restos sociais,
exército de reserva da humanidade

As armas usam apurada técnica
para realizar a limpeza étnica
Nossas vidas ceifadas diariamente
não resistem ao inseticida bélico do capitalismo,
a desumanizar nossas trajetórias

Como qualquer verme,
não temos teto
Vamos kafkaneando,
procurando abrigo
em qualquer beco

Mas atenção à minha psicose
Não sobreviveremos à metamorfose,
nem estamos à altura dos insetos!
Esses são privilegiados,
não poderão ser assassinados
pela polícia genocida,
exterminadora de negros e pobres
com perfil suspeito

Kafkaneando,
talvez fosse melhor ser um bicho qualquer,

não temer pela vida do neto ainda não nascido
Impossível existência desumanizada
nesse sistema cruel

Nó na garganta

Você me queria com outro cabelo,
eu sei,
vi nos seus olhos racistas
enquanto tentava disfarçar com pistas
brancas
Você me queria com um eurocêntrico modelo,
eu sei
Enquanto tentava culpar o tempo,
o trampo,
enquanto acenava com uma ridícula e encardida
pomba da paz
A gente só pode ser o que a gente é,
mas você quase me leva a perder a fé
na humanidade

Olhos de Azeviche

Ei, olhos de azeviche!
Contigo quero dançar
um ritmo negro
persistente como piche,
valsa da existência na volta ao lar

Ei, olhos de azeviche!
Seu cabelo crespo aqui tem lugar,
tem movimento algodão,
legítimo fetiche
pra quem souber reinventar

Olhos de azeviche,
cor da magia da noite a encantar,
mistério desconhecido embora eu capriche
Que vença o seu dom de hipnotizar

Azeviche,
tesouro de valor difícil de encontrar,
pérola filha da mágoa transformada em puro azeviche
Vamos reluzir no brilho do fogo da vontade de amar

Novidade na cabeça

Novas opções estéticas,
novas opções estáticas,
novas opções herméticas

Novas opções irônicas,
novas opções biônicas,
novas opções atléticas
Coloridas, crespas, lisas, cacheadas, encantadas,
cheias de vida

Novas opções estéticas
para refazer as cabeças

Algodão black power

Algodão, algodão,
algodão, algodão

Será que o meu cabelo é bom
ou será que o meu cabelo é ruim

Será que o meu cabelo é bom
ou será que o meu cabelo é ruim

Quero viver em paz com o meu cabelo
Eu tenho muito zelo
com o meu cabelo

Creme e shampoo, condicionador;
creme e shampoo, amenizador

Meu cabelo ao vento,
meu cabelo em movimento

Algodão, algodão,
algodão, algodão

Qual será o preconceito?
Porque você quer me ver
sempre do seu jeito
de entender, de saber

Meu cabelo ao vento,
meu cabelo em movimento
Algodão, algodão,
algodão, algodão

Eu gosto do meu cabelo,
eu gosto deste meu zelo,
do zelo por mim

Creme e shampoo, condicionador;
creme e shampoo, amenizador

Algodão, algodão,
algodão, algodão

Cabelo ruim?
Eu adoro o meu pixaim

Saudade

Ai, quanta saudade da mãe África,
da mãe de fartura e do seu colo enorme, quente e agradável,
da mãe cheia de doçura

Ai, que saudades da mãe África,
da rainha mãe corajosa, guerreira e onipotente
Estou com a saudade ardendo no meu umbigo

Silêncio dolorido,
choro,
banzo d'além mar
Tudo em mim é África, verdadeira força para enfrentar tempestades
Tudo em mim é lembrança
da liberdade vivida em mares antes navegados
Com a minha mãe aprendi a andar sobre as águas profundas

Ai, quanta melancolia nesta saudade pálida!
Escuta a minha tristeza por tantos filhos bastardos
que ainda não reconhecem a tua grandeza, mãe!

Oh, Mãe da divina providência,
escuta a minha voz africana em terras distantes,
traduz o meu grito incompreendido desta diáspora em terras colonizadas
Grito kimbundu, kikongo e iorubá

Oh, Mãe poliglota do universo negro,
tu que alimenta o meu sangue e guia o meu espírito,
vai sempre à frente, cuida do meu coração

Vitória

Com os meus grampos para cabelo Carla número cinco faço um
belíssimo penteado em sua homenagem
Agora que estou impecável, emito uma deliciosa gargalhada
enquanto humilho a sua indesejada calvície
em ritmo de rock,
esquartejando sumariamente os gritos saídos
de dentro da sua caixa encefálica maldosa

Com meu lápis-sombra para olhos
cor marrom importado do Paraguai
desenho outros horizontes em minhas pálpebras
Vai ser impossível não enxergar

Nunca mais aceitarei
a sua visão deturpada das coisas que fere e mata
Agora que serei a protagonista,
exijo o direito de compor os meus próprios cenários sem desilusão

Tu não foste sempre o agressor,
o estuprador, o gás paralisante?
Agora sou quem sempre quis ser!
Jogo fora as tuas armas,
sepulto o meu medo, derroto a minha covardia,
dou voz a alguma manifestação de coragem ainda não expressa,
liberto meu espírito e sonho com uma felicidade digna de mulher,
cheia de dentes,
ensolarada,
viva!

Escova progressiva?

Se a raiz é agressiva,
escova progressiva
Se a raiz é agressiva,
escova progressiva

Ai!
Eu tenho medo do formol!
Eu tenho medo do formol!
Abaixo a chapinha no cabelo da neguinha,
abaixo a chapinha no cabelo da neguinha
Abaixo, abaixo, abaixo!

Alternativa

Por não parir, criei
Nunca dei de mamar,
então mamei
com toda a força,
suguei o néctar da vida nas tetas do mundo

Medo

Quando eu era pequena, tinha um medo de menina
que me amarrava e me impedia de caminhar,
como um anjo com asas e pernas presas
Cresci,
trouxe o medo comigo,
histérico,
invadindo a sala e ameaçando os tímpanos
Um medo grito e gemido de mulher,
medo que menstrua e sofre com cólicas,
um medo do medo,
medroso

Indispensável gentileza

Você não foi gentil comigo
quando percebi o seu olhar distante,
quando pediu que eu enxugasse as lágrimas,
quando esqueceu o dia do nosso aniversário

Você não foi gentil comigo
quando tirou a aliança dos olhos,
quando saiu e não trouxe flores,
quando gritou

O nosso amor foi ficando escuro,
a mágoa começou a subir o muro
e o sofrimento entrou na nossa casa

Eu tentei resgatar aquela indispensável gentileza,
arrumei as malas dobrando o essencial de modo sutil,
catei os meus sonhos,
calcei os meus objetivos
vesti aquela coragem de tecido fino em dias frios,
passei um batom nos lábios mudos
e fui embora

Resiliência

Por outras portas hei de passar tranquilo,
encontrarei o desafio e passarei a segui-lo.
Inalcançáveis janelas poderei romper,
o final não vai acontecer

Talvez eu tenha que saltar um muro
Posso até quebrar as pernas e ficar doente,
mas não me entregarei simplesmente
O mal não vai encontrar futuro

Quando disserem "já era", talvez eu mude o percurso,
pois sei que não posso desistir do próximo instante,
algo de bom me espera logo adiante
Quando disserem "acabou", a vida estará em curso

Se eu de fato estiver a agonizar, perto do fim,
encontrarei forças para reverter as previsões,
estarei pronta a reinventar as minhas decisões,
enxergarei uma nova estrada diante de mim

Lastex-mutante

Sou como a lagartixa
Sendo cortada, eis que retorno inteira
Peça rara onde a natureza capricha,
valiosa espécime brasileira

Sou rainha da mutação indubitável,
resistência na pele pulsante,
tenacidade na carne móvel,
insólita e adaptada ao instante

Sou campeã da camuflagem,
encaro desafios com coragem,
perco tudo para ganhar,
o fracasso aqui não tem lugar

Sou como a lagartixa,
melhor comigo não ter rixa
Em meio ao caos construo meu espaço,
estou disposta a namorar o fracasso

Larga,
leve,
louca,
bicha

Ninguém segura meu eu lagartixa

Herança

O meu pai sempre me buscava na escola,
talvez porque eu fosse menina e não jogasse bola,
talvez porque eu usasse saias

O meu pai colocava comida no meu prato
O meu pai sempre teve muito tato,
talvez porque eu fosse a caçula

O meu pai sempre devorava os jornais do dia,
talvez porque quisesse distrair a mente,
talvez como uma inspiração simplesmente
ou talvez porque eu tivesse que amar a escrita

O meu pai não era sangue do meu sangue
Talvez eu tenha aparecido como uma flor no mangue,
talvez eu tivesse mesmo que ser sua filha

O meu pai era um cara muito legal
Talvez fosse um pai cheio de um amor especial
ou apenas um pai amando a sua cria

O amor estampado nos olhos do pai
refletiu em mim como a verdadeira herança
que hoje escorre abundante nos olhos da filha

Ao menino que eu nunca vi

com os olhos que a terra um dia há de comer, mas que sempre enxerguei
com outros olhos

O meu filho
nunca saiu do meu corpo,
sempre esteve em minha mente e no meu coração

O meu filho
não cresceu na minha barriga durante nove meses,
mas brota há muitos anos como uma esperança em minha vida,
vive em mim como um sonho

Misteriosamente,
a minha realidade infértil
se encontra com a dor de outras mulheres que não
podem criar,
mas que não deixam de amar

Um dia, de mãos dadas,
enfrentaremos o muro da indiferença,
celebraremos o futuro

Filho,
no momento certo estarei contigo em meus braços
Até lá, viverei com os olhos marejados pelas lágrimas
que só vou derramar no dia em que você chegar
e inundar a minha vida de alegria

Jacy

Conheci meu pai na meia idade,
aposentado,
com os cabelos brancos,
pele negra,
cabelo liso e grosso
Não tinha cabelo no peito

O meu pai tinha um nome indígena,
era magro,
pernas finas,
adorava palavras cruzadas,
amava os livros
Viciado em filmes de guerra,
dormia tarde e acordava cedo

Com o avançar da terceira idade,
o meu pai gostava de se fazer de vítima para os conhecidos,
posava de intelectual para os estranhos

O meu pai era fã do Charles Bronson,
cozinhava com maestria,
ariava panelas de alumínio no sol,
era expert em arrumar a cozinha e dobrar sacos plásticos

O meu pai gostava de passarinhos, cachorros e jiló,
fumava e colecionava isqueiros escangalhados,
era carioca, torcia pelo Flamengo e pela Portela
O meu pai consertava tudo em casa e amolava facas

Era vaidoso, sábio e resmungão
Conhecia e cumprimentava todo mundo do bairro

O meu pai ficou viúvo na meia idade,
nunca mais casou,
teve filhos, netos e bisnetos,
passou a morar sozinho,
a desfrutar as férias em companhia dos filhos,
que visitava de vez em quando

A mãe do meu pai nasceu em plena Lei do Ventre Livre, morreu centenária
Papai descansou com setenta e cinco
A memória do meu pai não vai acabar em mim

Muito além do próprio umbigo

Adote a esperança,
realize os seus sonhos fundamentais,
olhe os contornos sensacionais da vida

Adote uma criança,
adote uma alternativa cheia de amor sincero

Adote e encontre a saída,
sinta o cheiro do amor que transborda
muito além do próprio umbigo

Novo hit dois mil e nove na batida

11h59
Aquela moça estava a morrer esquecida
Subitamente, o telefone tocou
Durante a ligação salva-vidas
um inesperado milagre o destino realizou

Meio surpresa estava a jovem quando o aparelho gritou
A coitadinha não tinha com quem falar,
nem ao menos esperava o toque do celular.
Foi muito bom saber que alguém se importou

Num repente,
um sorriso deu o ar da graça,
já que ela afinal podia jogar a tristeza fora,
até mesmo aquele mau humor que a tudo desgraça. Despediu-se
com sensatez e foi embora

O telefone nunca saberá o bem que fez
quando acudiu aquela jovem desconsolada
A monotonia vacilou e perdeu a vez
na vida da moça agora feliz,
extasiada!

Ela atendeu de imediato depois que o telefone tocou
"Feliz 2009!", disse o homem que ligou
Mas na verdade qualquer palavra servia,
ela só não queria ficar só no último dia

Destino

A palavra mama na fonte
Arial tamanho quatorze,
suga o espaço da página,
ocupa o seu lugar no mundo

Nova York

Bem que você podia
inventar uma mentirinha qualquer,
casar comigo em Nova York
e depois me levar ao cinema

Só você que podia
acabar com toda essa tristeza minha
Eu, que me cubro toda com maquiagem
por causa daquela mentirinha que você contou
para fazer e não fazer a viagem

Bem que você podia
sumir agora que já é tarde
A grinalda ficou pra titia
e a sobrinha com o filhinho dela

Mulheres! Vamos unir nossas forças
Precisamos de quem fale verdades brasileiras
e saia do cinema com os olhos molhados
mesmo quando a única saída é a de emergência

Mar negro

Não estava sol,
preferi as nuvens negras
trazendo ondas crespas envoltas num mar escuro,
coroado de espuma
Pingos de chuva trançavam as ondas do mar revolto, apontando
caminhos de paz

Ondas,
ondas crespas arrebentando a dinastia do sol na tarde cinzenta

Anunciando a noite escura,
o mar da cor do azeviche surgiu,
imenso, indomável,
e as nuvens negras sorriram,
contemplando a beleza dos escurecimentos encontrados
10/07/2009 – Praia da Ondina, Salvador

Noite inteira

O amor vestiu desejo
no tempo sem relógio

Gritos e gemidos invadiram a madrugada
em chamas...

No raiar do dia,
os reflexos do sol aqueceram
a carne trêmula ainda sedenta

Desejando mais,
saboreando ainda,
os corpos em escuro-vida foram amalgamados ali,
na noite negro-azeviche,
no seu universo tão cíclico e preciso
como as marés

Parindo poesia

De repente aquela dor
aumentando a cada instante,
umedecendo os meus olhos,
aquela sensação sem palavras

De repente meu coração dilatou
Senti um calafrio e um medo desconfortante
A bolsa estourou
Todos os papéis, rascunhos e anotações não couberam
Tudo o que vi neste mundo louco de cada dia transbordou

Parindo poesia,
vou morrer filha da letra e nascer mãe da palavra,
jogar o meu ego ladeira abaixo,
espremer o que de melhor houver dentro de mim
e dar à luz

Qual o futuro das palavras?
Qual o destino das letras?
Qual a missão das frases?
Qual o objetivo da métrica?

Quem sabe?
Ao parir poesia,
a grande mãe de coração enorme
quer entregar ao universo a palavra
ainda disforme,
suja de sangue, fluidos, sem nome
A palavra mama e alimenta a sua fonte,
de onde jorra o leite da criação

Pão para quem tem fome,
parindo poesia,
trazendo palavras ao mundo
para a preservação da espécie

Você é meu irmão

Não sei que tipo de camisa gostaria,
se de seda, cetim ou malha fria,
nem que cores de calça costuma usar,
mas você é meu irmão

Não sei que tipo de música costuma ouvir,
talvez ouça o mesmo Luiz Melodia que eu
Nunca provei o seu prato predileto,
também não sei onde costuma almoçar,
nem os lugares que deseja visitar quando tira férias,
mas você é meu irmão

Um irmão que não parece comigo,
não sei o tamanho do abraço,
que há muito tempo você não me dá,
mas você se sente sozinho como eu

Meu irmão,
vi o medo da vida nos seus olhos,
olhos de outra geração
Já faz tanto tempo que eu estive em seus braços
Não sei o nome da sua última namorada,
nem o telefone da sua ex-mulher
Sei que você mora numa casa alugada
com muitos cômodos,
que tem um cachorro, de nome Rex
Sei que costuma gritar com o cão,
sei que toma o mesmo "Stresstab" todos os dias,
e me sinto mal

porque até o trocador de ônibus me conhece melhor
Ele acredita nas moedinhas
que delicadamente coloco em sua mão

Você não sabe que agora sei cozinhar,
que sonho em ter um filho,
além dos bons amigos,
para abraçar

Mas você é meu irmão
e a vida é assim,
torta nos caminhos retos,
certa com as pessoas erradas

Saiba,
passo as minhas camisas
do jeito que você me ensinou,
leio jornais pela folha dos esportes,
como macarrão cru
só para lembrar você

Mas você é meu irmão e a vida é assim,
reta nos caminhos tortos,
frouxa nas duras horas,
quando se tem que acordar cedo pela manhã

Poema de Narciso

Se você acha que literatura é perfumaria,
olhe para o espelho do banheiro e leia minha poesia
Engula a força da letra como o pão de cada dia
Haverá cura

Não será um exercício fútil,
verás que trago um poema útil,
munição para os tempos de violência,
cachecol para os dias frios,
palavras pretas luzeiro,
poema farol

Não sei

Estação imprópria

Sinto medo das minhas mãos,
medo de onde me levarão os pés,
porque ainda acredito

Só sei que o bonito ficou feio,
a essência virou incenso barato
Resta a espera

Vejo o meu barco indo embora
Milhões de estátuas de sal destruídas pelos gritos
Seca, seca, seca
Estação imprópria

Vou comprar uma camisa branca

Vou comprar uma camisa branca

Será que coisas ficam mais claras?
Vou comparar a camisa branca
com o sorriso amarelo que tenho engolido
por puro tédio
A camisa branca talvez fique bem com uma saia azul,
talvez não combine com nada,
ou combine
Depois de comprar a camisa, vou comprar um sutiã
preto

Roxa de raiva

Às vezes não nos permitimos experimentar
É como certos dias caretas, nos quais fazemos cara feia frente a tudo
que nos pareça insuflado de novidade
Dias caretas com o lobo mau,
o bicho da cara preta e o lobisomem
como convidados especiais
Gente grande não se diverte mais,
careta,
gente adulta,
crescem demais e fundem a cuca
Dentro do provador,
um cabide cheio de camisas brancas
Eu com vontade de respirar o ar puro lá de fora
por pura indecisão

Provo uma camisa

Talvez essa blusa seja a escolhida,
exceto pelo detalhe estampado no braço direito
São engraçadas as pessoas,
algumas se perdem por tão pouco
Uma camisa branca e as coisas às claras,
uma camisa escura e um mundo louco,
sem ar
Opiniões cinzentas,
enevoadas
Uma camisa para mudar de lugar
Vou comprar essa camisa hoje
De hoje não passa

Quero respirar

Nessa camisa poderei escrever uma história,
apagar manchas encardidas do passado,
sacudir a poeira do fundo do copo
Acho que estou precisando
hoje
É essa!
Vou comprar uma camisa branca

Zenzele

Teus beijos negros,
beijos

Teus braços cor de azeviche,
abraços

Tua face de ébano,
zorro

Ligo o meu ouvido ao teu umbigo,
zorra de abraços

Meu direito de nascer,
teu direito de querer
zanzar

Príncipes e princesas da noite,
sem açoite, sem chibata,
zoando o azeviche

Sua pele junto ao meu corpo
numa esquina qualquer desta
cidade negra,
onde todos querem ser alguém
nem que seja por um instante
Zonzos,
teu corpo embriagando o meu sorriso
Digo ou não digo?
Zebra

Minha unha roxa da madrugada fria,
teus braços fortes
aquecem o nosso encontro inexprimível,
zás

Conquista de uma madrugada,
passeando pela noite adentro,
zanzando

Zenzele

Raízes da Alegria

Onde está a raiz da verdadeira alegria,
que também suspira entre lágrimas?
Que também sente dores, tem espinhas e cólicas?
Que fracassa?
Onde está a verdadeira alegria,
que diz que é possível ser feliz
apenas por estar mais próxima
não de uma super mulher,
mas de si mesma?
Decifra-me, eu te imploro,
disse a alma angustiada...

Eis que eu apareço diante de mim mesma
e me assombro com o que vejo
Em minhas pupilas dilatadas,
eis que surge diante dos meus olhos
uma nova realidade
Em meio aos reflexos,
a mais dura constatação
Tu não poderás ser a mesma de antes,
mas quem sabe?
Não serás maior e mais verdadeira?

Preste atenção,
segure as suas raízes com força para viver saudável
alegria é um sentimento profundo
que não depende de circunstâncias externas

Luz nas trevas

Luz nas trevas,
provisão em meio à fome,
sorriso na dor

Luz nas trevas,
romperá a tua luz com o raiar do dia
e a tua cura apressadamente brotará

Luz nas trevas,
braços fortes sustentarão a vitória
A esperança será renovada depois do fracasso

Luz nas trevas,
enfraquecidos, porém não derrotados
Fé enxergando luz nas trevas

Refazendo a cabeça

A negra segura a cabeça com a mão e chora
Chora sentindo a falta dos seus universos crespos, assassinados
pelas escovas progressivas
Digo, escolhas regressivas

Após o pesadelo,
a negra raspa qualquer vestígio de lisura
e encontra consolo no futuro das suas raízes

Comensal

Fevereiro me espreita com olhos de coruja,
pouco amistoso
Pede a prestação de contas dos sonhos que não realizei,
do medo que não enfrentei,
da libido que adormeci com Lexapro

Fevereiro corre demais e gira como montanha-russa
Eu continuo maluca por não conseguir tomar as decisões. Tudo vai melhorar em março,
creio nas minhas orações e tenho fé,
coloco os meus braços em torno de mim e me abraço

Nesses dias pálidos sem resultados,
durmo e embalo fantasias
Meio irônica e faminta,
comensal,
desfilo no bloco do meu carnaval
com uma esperança negra
de dentes incrivelmente brancos a sorrir,
anunciando sucesso para o mês que vem

Gato angorá

Soletra a fúria da noite
sob os lençóis, sem filosofia. Quero auscultar
o teu ronronar no terminar do dia, desfazendo os nós da solidão

Gato angorá,
quero desmoronar em meu ego, implodir o seu espaço
Ébrios na madrugada,
correndo e enrolando os relógios para sobrar mais tempo,
tempo para nós dois

Razão

Faço poesia
porque nunca estudei engenharia
Fervi palavras em banho-maria,
que derramaram sobre mim

Repouso

Posso dormir mais um pouquinho pra ver se esse poema,
que está sussurrando baixinho no meu ouvido,
gruda na minha orelha?

Saída

Tudo bem,
aceito reduzir o meu horário
Você diminui o meu salário
eu fico com algumas horas livres para respirar
Escreverei poemas indispensáveis a minha cesta básica,
Jamais sentirei fome novamente!

Cesta básica

Inclua sexo na sua cesta básica
Na segunda única;
na terça insana;
na quarta antes que você parta;
na quinta, por favor, não minta;
na sexta, respire fundo, faça um programa...
e descubra mais sexo ainda no fim de semana
Ufa!

Zé Pilintra

Se joga nos braços do palhaço
Mandinga de branco eu não faço
Prefiro comer capim
Não sou de chorar no fim

Sou capoeirista
Prefiro existir como artista
Pra você que não me atura
Exu é o verbo cura

Se joga nos braços do palhaço
Quando chegarem as horas difíceis, do cangaço
Lembra, magia de negro é o que eu faço
Não esqueça, vou contigo no braço

Lembra meu filho
Tu não é de aço
Quando estiver ruim
Se joga nos braços do palhaço

Tá gritando, ai!
Vem pedir a benção pro seu pai
Filho ingrato eu não tenho
Malandragem não é vagabundagem

Transformo a ordem sem fazer desordem
Essa é a lei, meu traçado na encruza
Tudo muda meu amigo
Se comigo você cruza

Caliandra

Brasília merece uma homenagem
Especialmente os ipês, os lobos-guará e a vida selvagem
O mais velho que passa na minha rua vendendo quebra-queixos
É exemplo de um território e de uma subjetividade além dos eixos

As asas do avião brasiliense
Planam em direção ao céu mais lindo que já vi
Nesse Planalto tanta coisa vivi
Cresci intrépida Caliandra
Dançando no espelho d'água da Torre réplica parisiense

Mas espere um instante!
Brasília tem mãe
No Núcleo Bandeirante
É matriarca antiga, forjada no barro vermelho chão
Muito antes de ser a capital da corrupção

Tem quatro estações em um dia
Tem cachoeiras para a nossa alegria
Cidade rodeada de Brasil por todos os lados
Habitat das capivaras, do Seu Estrelo e dos Encantados

Amo Brasília em seu coração musical e periférico
O clube do choro
O parque da cidade e o espírito sincrético
Em um final de tarde na Prainha dos Orixás...
Eu transmuto nas águas todas as energias más

Búzios on me

Sou a borboleta preta
dona da própria teta
acesa e chama
na minha própria cama
eu vou jogar
buzios on me
sou meu achado
ori aberto punho fechado
a negritude divinatória
além da regra meritória
não digo amém
pra Jerusalém
Moisés exu
escreveu o mandamento nu
eu falo
com meu corpo preto
volto pro gueto
viva

Deusa negra

A solidão é uma deusa negra
preta rainha mística
que expande o seu black dourado pixaim
power rainha egípcia
a dizer sim

a solidão da mulher negra
é livre
leve e solta
medita em posição de lótus
nos quatro cantos do mundo

a solitude da mulher negra
goza em seu ofício
ama a si mesma como quem explode fogos
de artifício
lidera um exército ético de atitudes

há uma mulher ainda mais preta
dentro de mim
pronta pra nascer
brotar plena delicioso jasmim
borboleta de fogo clítoris de Iansã

essa fêmea escura vitoriosa xamã
sou eu bailando na minha íris
legítima descendente de Osíris
primeira ancestral matriarca
transcendental do clã da terra

Os enamorados

Às sextas escolhas
Nas cestas básicas enterradas
O caos a encantar
A fulgurante paixão por si mesmo

Amante das próprias entranhas
Lambendo as próprias carnes
Olha a vida pelo pára-brisas e não pelo retrovisor
Mergulha nos infinitos tentáculos dos braços
Que querem tanto sem poder realizar

Salve o amor nos úteros
O fruto dos sonhos pretos vivos
a nossa descendência
As flores da beirada dos abismos
A força feminina, enfim

Voz

Ao escrever procuro palavras
como quem monta um quebra-cabeça
Num exercício de imaginação e sensibilidade,
escrever é o meu grito de liberdade

Esteta

Para Bruno Bucis

Um escritor hábil e proeminente
Olhou pela janela, fitou simplesmente
Viu letras caindo aos borbotões
Desceu pelas escadas ágil, mãos deslizando nos corrimões

Recolheu as letras no jardim
Inspirado, sentiu o cheiro agradável do jasmim
Recolheu os signos percebeu que chegara a sua vez
De escrever um poema em bom português

Sentado como uma criança
Esqueceu que era adulto e sem esperança
Por favor, também esqueça!
Montou o seu quebra-cabeça

Ele, um inventor de ficção
Jogou as letras como um intencional movimento
Deu um jeito de parir e acolheu o poema no exato momento
Pra não cair esparramado no chão

Mãe

Para Myrian Santos

Seus dentes têm marfim
Abrem caminho pra mim
Quando tu sorris
Sua pele de ébano anuncia
A noite linda em que tu brilharás no escuro
Por você eu construo pontes
Encaro qualquer tempo duro
Tu és motivo mamãe querida
A alavanca que catapulta minha vida
Seu abraço é um mar adentro
Põe fim no meu cansaço
Seu pixaim eu segurei por um longo tempo
Enquanto mamava atento
Mãe
És a maravilha do universo
Eu te amo por todas as mães
Tu és mãe das mães dessa terra
Estamos muito além da dor
Nosso amor vence qualquer jugo opressor

Mãos à obra

Para Márcia Lobosco

Contemplo a delicadeza
A força transformadora em suas mãos
Dedos para o autoexame e prevenção do câncer de mama
Falanges para escrever outras histórias

Os brados de ânimo
As palmas dispostas para enfrentar o mundo
Tato para acariciar e animar quem precisa de ânimo
Unhas feitas pra comemorar e mudar destinos

A benção?
O cheiro de vitória das nossas ancestrais
Está em suas mãos
Depois de cada batalha vencida

Riqueza

Para Manuel Carlos Montenegro

Um passarinho apareceu na janela
Eu não tinha esperança, mas estava na ave
Estava nela
Tive que coabitar com a esperança

Uma flor nasceu no meu jardim
Eu não tinha a beleza
Mas a lindeza estava nela
Simplesmente nasceu em mim
Senti o vento tocar o meu corpo
Eu estava estagnado, mas o movimento me sacudiu
Tive que mudar eu já estava dançando,
o vento me levou

Gratidão à natureza,
eu não tinha nada,
não tinha ninguém
Mas ela sempre esteve comigo,
me levou além

Kyron

Para Clóvis Montenegro

A delicadeza dos dias de luz
Tem incidentes tons de azul
A desafiar a violência cinzenta
A fome predadora, o caos instalado

Alguns homens de coragem enfrentam as madrugadas
Insones
De branco
Trajando desejos de cura na alma

As mãos lavadas enfrentam o tremer das carnes ensanguentadas
Procurando restaurar qualquer resquício de vida entre os órgãos
Invadindo a pele enferma
Em busca de regeneração

O curador já foi ferido
Teve todas as enfermidades injetadas em si mesmo
Sobreviveu
Para seguir o caminho xamã

Habitam nesses homens
Doutores da vida pulsante assentada nos caminhos da ciência
A cada dia aperfeiçoando sua ética e consciência
Para sobreviver aos dias aldrabões

Reza forte

Para Cida Chagas

Bota a mão na cabeça
Firma nos seus ancestrais
Clama com toda a força
Desperta a sua fé

Fica de pé
Corre na frente
Faz outro caminho
Começa diferente
Se não vingar pegue outra estrada
Limpa a poeira do pé
Inicia e faça tudo diferente
Tu é firmeza muié!

Preto e sem açúcar

Para Susana Fuentes

Os cafés em qualquer lugar do mundo sugerem pausas entre pressas
Além dos ensaios humanísticos embebidos de cegueira
É possível enxergar uma janela para o inconsciente
Anunciada pelo espaço tempo nos cafés

Cafeterias seriam territórios encruzilhados
Espaços de escolhas, rotas de pensamento
Oásis de guardanapos inspiradores de histórias
Seria alucinógeno o cheiro do café?

Só os bebedores de café sem açúcar saberiam contar
Ingerindo a bebida pura, sentindo a textura
Fraca, média ou encorpada
Coado ou expresso?

Os grão torrados, outrora frutas vermelhas
Contam trilhas de sua geografia
Do tempo de processamento e da temperatura
Assim como as rugas no meu rosto
Com o tempo imprimem sua cartografia

Rezai

Para Francy Silva

Rainha negra na janela
Pensa nos antepassados
Reza
Pede ao pássaro azul próximo
Leve no vento minha carta
Antes que meu coração exploda de saudade
Leve os meus escritos pra cada um
Pra eu me refaça da dor da perda
E permaneça inteira para honrar suas memórias

Apetece-me escrever um poema
Para Ulisses Macedo Júnior

Apetece-me escrever um poema
Para um amigo distante
Carta pombo-correio selada
A romper a frieza dos dias pandêmicos

Apetece-me escrever um poema
Enviar um bote salva-vidas
Para os instantes de choro nascente e caudaloso
Poíesis para a realidade insuportável

Apetece-me escrever uma poesia
Cortina de fumaça para as horas fascistas
Palavras mímeses metamorfoseando rotas de fuga
Letras de esperança a brilhar em neon
Apontando a saída de emergência

Aweto

Para Eliana Tolentino

Os risos borbulhavam fora do seu corpo
Um cheiro de mulher exalava de sua roupa
Um vento suave tocava a pele negra
Sua comida preferida estava posta naquele dia especial

A festa era pra ela
A música também
Não fazia caridade pra mais ninguém
Antes de se abençoar primeiro

Escolheu a si mesma
Enquanto ainda havia tempo
Derretendo de amor por ela naquele momento
Amando cada pedaço da estrada escrito em sua pele
Rainha, aweto, muita pemba no ar
Cheio de gargalhadas que marcaram o enredo
De uma vida futura onde não haveria mais a culpa e o medo

Gira

Para Marília Sobral

A moça quando gira
Faz a roda do sistema familiar ancestral
Bater palmas de alegria
Roda no círculo grande da vida

A moça quando se liberta
Traz consigo mulheres encarceradas
Fêmeas queimadas, estupradas
Cuide das cabeças moça, cura deixa curar

A moça quando pensa
Liberta a linhagem de meninas
De sonhos ceifados ainda no ventre
Seja intelectual moça, abra os caminhos
Para que outras mulheres possam fazer os seus ninhos
E consigam voar

Gelo negro

Para Denise Nascimento

A neve encanta no primeiro encontro
Branquitude gélida a dissolver entre os dedos
O gelo é escorregadio mesmo com as botas apropriadas
É preciso muito cuidado

Existe certa sutileza e força no gelo e na neve
Espalhada pela paisagem em tons de cinza
Da cidade estadunidense de Iowa
Algo que eu gostaria de poder ofertar a ti

O estado da arte da natureza
A fruição inenarrável
A experiência ímpar e tátil da inédita temperatura
As belezas e descobertas do estrangeirismo turístico

Diria ainda como pude imaginar
Em minha capciosa alteridade
Como seria se o gelo fosse negro
Se tivesse coberto tudo
Haveria paz ou luto?

Vermelho vida

> Para Bianca Maria Santana

Saí com o meu vestido vermelho
Todos os sinais por onde passei
Estavam verdes
Fui fazer uma doação de sangue
Tudo azul
Joguei na mega sena
Ganhei uma nota preta
Caminhei por uma imensa avenida
O vento ousou levantar a minha saia
Fiquei vermelha, estava feliz
Parei em uma praça
Sentei em um banco
Havia uma luz amarela suave
Até deitei e cochilei
Reluzia minha pele dourada
Eu estava viva!

Flecha dourada

>Para Emanuelle Sena

Sou flecha dourada
Olhar de águia na madrugada
Xamã outrora menina ferida hoje curandeira inesperada
Bordadeira de flores em cicatrizes cauterizadas no fogo dos dias umbrais
Uma flecha só, ó
Certeira
A mira da mulher do céu vestido de rosa
Na ventania esplendorosa passando a mira no dendê
Cheio de gozo apimentado entre as minhas pernas
Ela sou eu
A mulher sem medo de morrer
Porque perece sempre para nascer melhor depois das quedas
É melhor cair em si
Eu sou flecha dourada
Inteira no alvo de dentro
Afeto no coração reinventando vida

Nanã levou

Para Toni Edson (in memoriam)

O poema não chegou a tempo
A letra não estourou a placenta
Quando devia

Foi sufoco
Doeu até o toco
Da alma

Eu não escrevi e você já não estava
Secaram os meus dedos em frente ao teclado
Pausaram os meus neurônios que vestiram preto
Na luta para manter o luto

Faz o poema, ele merece!
Vê se não esquece
Faço amanhã
Na eternidade, tive confiança vã...

Agora você não está na matéria
Eu sem fazer poesia fico aérea
Embora esteja por toda parte a sua gentileza
Sapiência, sagacidade e grandeza

Deixo preparadas três linhas retas
tatuadas como setas
Pra você
Derramo o choro a recordar os seus dois meninos

As letras não conseguem descrever você meu irmão
Ao invés de poesia, termino com um soluço
Talvez um dia eu escreva em russo

Bem que eu queria controlar o impulso
Dessa inexorável vida
A cumprir o acordo da hora da sua partida

Esta obra foi composta em Arno Pro Light 13 para a Editora Malê e impressa em agosto de 2023 na **RENOVAGRAF** em São Paulo.